# VORWORT

Wer MATLAB kennt, liebt es. Wer MATLAB nicht liebt, kennt es nicht!

MATLAB ist das universellste Ingenieurprogramm, das es gibt. Ein Auszug aus den vorhandenen Toolboxen (Bibliotheken) zeigt die Breite der Anwendung auf: Aerospace Toolbox, Bioinformatics Toolbox, Communications Toolbox, Control System Toolbox, Filter Design Toolbox, Neural Network Toolbox, Optimization Toolbox, Partial Differential Equation Toolbox, Simulink, Statistics Toolbox, System Identification Toolbox, Fuzzy Logic Toolbox, Image Processing Toolbox.

Nicht nur in den klassischen Ingenieurwissenschaften hat sich MATLAB durchgesetzt sondern auch in anderen Disziplinen, zum Beispiel mit der Financial Toolbox und der Fixed-Income Toolbox.

WIKIPEDIA (Stand Juni 2016) schreibt zu MATLAB:
„MATLAB ist eine kommerzielle, plattformunabhängige Software des Unternehmens THE MATHWORKS, INC. zur Lösung mathematischer Probleme und zur grafischen Darstellung der Ergebnisse. MATLAB ist primär für numerische Berechnungen mit Hilfe von Matrizen ausgelegt, woher sich auch der Name ableitet: **MAT**rix **LAB**oratory."

Google erzielte zum Suchbegriff „MATLAB" 58.7 Milionen Treffer. Das sind nur knapp viermal weniger als zum Suchbegriff „Frau". Auch dies zeigt die grosse Verbreitung von MATLAB.

Es gibt unzählige Bücher über MATLAB. Allein auf amazon.de findet man über 178 Stück (in der Kategorie Matlab). Worin unterscheidet sich dieses Buch von den anderen?

Fast alle Bücher über MATLAB sind Ingenieur- oder Mathematikbücher. Sie befassen sich mit komplexen Problemen der Ingenieurwissenschaft oder der numerischen Mathematik und zeigen deren Lösung mit MATLAB auf. Auch für einen geübten Ingenieur sind diese Probleme so spezifisch und komplex, dass er sie – wenn überhaupt – erst nach längerem Analysieren versteht. Das Erlernen der Software selbst bleibt auf der Strecke. Nur ausgebildete Wissenschaftler oder Ingenieure können mit diesen Büchern arbeiten.

Für angehende Ingenieure mit wenig Fachvorkenntnissen existiert kein geeignetes Buch.

Mit diesem Buch kann man MATLAB autodidaktisch anhand einfacher Beispiele kennen lernen. Der Fokus liegt nicht primär auf der Lösung der Probleme, sondern auf dem Erlernen der Software ohne jegliche Vorkenntnisse.

Das Buch gliedert sich in zwei Teile:

Im ersten Teil wird MATLAB generell erklärt. Die Funktionsweise der Hilfe, Variablen, Operationen, Zahlen und Zahlenformate, Vektoren und Matrizen werden zu Beginn erklärt. Dann wird aufgezeigt, wie man einfache Grafiken erstellen und beschriften kann. Das M-File und eigene Funktionen werden detailliert mit Beispielen erklärt. Programmierstrukturen wie Schleifen und Vergleiche bilden den Abschluss der theoretischen Erklärungen. Am Schluss jedes Kapitels sind Kurzübungen vorhanden, mit denen das angeeignete Wissen unmittelbar umgesetzt werden kann. Der erste Teil eignet sich für alle Einsteiger – unabhängig der Fachrichtung – für das autodidaktische Erlernen von MATLAB.

Im zweiten Teil des Buches sind Übungen und Aufgaben vorhanden. Die Themen dieser Aufgaben stammen aus den Fachgebieten Physik, Mathematik und Elektrotechnik und sind für Studierende der Fachrichtung Elektrotechnik im zweiten Semester auf Hochschulniveau geeignet.

Eine Befehlssammlung mit den wichtigsten Befehlen von MATLAB und ein Sachwortverzeichnis befinden sich am Ende des Buches.

Diese zweite Auflage wurde mit dem Thema Datenspeicherung (Strukturen und Zellen) erweitert.

Dieses Buch ist während meiner Lehrtätigkeit an der Fachhochschule Nordwestschweiz entstanden.

Niederlenz, im Juni 2016       Stefan Wicki


Die nicht zu kurze Kurzeinführung in MATLAB
2. erweiterte und überarbeitete Auflage Juni 2016
Zusätzliche Unterlagen finden sich auf: www.wictronic.ch

Lektorat: Isabelle Mathieu, Silvia Schöning und Mirjam Wicki
Inhalt: Peter Dähler und Silvia Schöning

© Das Werk einschliesslich aller seiner Teile ist urheberrechtlich geschützt. Jede Verwertung ausserhalb der engen Grenzen des Urheberrechtgesetzes ist ohne schriftliche Zustimmung des Autors unzulässig und strafbar. Das gilt insbesondere für Vervielfältigungen, Übersetzungen, Mikroverfilmungen und Einspeicherung und Verarbeitung in elektronischen Systemen.

MATLAB® und SIMULINK® sind eingetragene Warenzeichen. Aufgrund der Übersichtlichkeit wurde auf das ®-Zeichen verzichtet. Der Umschlag enthält das Logo von MATLAB® mit freundlicher Genehmigung von MATHWORKS.

Herstellung und Verlag: BoD - Books on Demand, Norderstedt
ISBN 978-3-7412-3880-2

# INHALTSVERZEICHNIS

1. **HILFE, HILFE!** ...................................................................................................1
   - 1.1 Direkte Hilfeanforderung (`HELP`) .................................................................1
   - 1.2 Indirekte Hilfeanforderung (`LOOKFOR`) ........................................................2
   - 1.3 Windowsbasierte Hilfefunktion (`DOC`) ..........................................................3
   - 1.4 Kurzübungen zu Kap. 1 ..................................................................................3
2. **VARIABLEN, OPERATIONEN, ZAHLENFORMATE** ...........................................4
   - 2.1 Das Command Window ..................................................................................4
   - 2.2 Kurzübungen zu Kap. 2 ..................................................................................6
3. **ZAHLEN, ARRAYS (VEKTOREN) UND MATRIZEN** ..........................................7
   - 3.1 Manuelle Matrix-Definition .............................................................................7
   - 3.2 Automatische Matrix-Definition ......................................................................9
   - 3.3 Stapelung von Elementen und Vektoren ......................................................10
   - 3.4 Zugriff auf Matrix-Elemente .........................................................................10
   - 3.5 Vektorrechnung und Matrizenrechnung .......................................................12
   - 3.6 Kurzübungen zu Kap. 3 ................................................................................14
4. **ZWEIDIMENSIONALE GRAFISCHE DARSTELLUNGEN** ................................15
   - 4.1 Darstellung in einer Achse (`PLOT`) ..............................................................15
   - 4.2 Darstellung mehrerer Plots in einem Fenster (`SUBPLOT`) ..........................19
   - 4.3 Kurzübungen zu Kap. 4 ................................................................................22
5. **DAS M-FILE, DER MATLAB-EDITOR** ..............................................................23
   - 5.1 Der Dateiname ..............................................................................................23
   - 5.2 Aufbau eines M-Files ....................................................................................24
     - 5.2.1 Der Header (1-6) ...................................................................................24
     - 5.2.2 Initialisierungen (7-10) ..........................................................................27
     - 5.2.3 Berechnung und Ausgabe (11, 12) ......................................................28
   - 5.3 Kurzübungen zu Kap. 5 ................................................................................29
6. **EIGENE FUNKTIONEN UND FEHLERBEHANDLUNG** ...................................30
   - 6.1 Der Funktionsname ......................................................................................30
   - 6.2 Aufbau einer Funktion ..................................................................................30
     - 6.2.1 Funktionsdefinition (1) ..........................................................................31

|  |  |  |
|---|---|---|
| 6.2.2 | Zugriff auf Übergabewerte | 32 |
| 6.2.3 | Berechnung der Rückgabewerte | 32 |
| 6.2.4 | Ende (Verlassen) einer Funktion | 32 |
| 6.3 | AUFRUF EINER FUNKTION | 33 |
| 6.4 | KURZÜBUNGEN ZU KAP. 6 | 34 |
| **7.** | **SCHLEIFEN, VERZWEIGUNGEN UND VERGLEICHE** | **35** |
| 7.1 | SCHLEIFEN | 35 |
| 7.1.1 | Die `for`-Schleife | 35 |
| 7.1.2 | Die `while`-Schleife | 36 |
| 7.1.3 | Vorzeitiges Verlassen von Schleifen (`break`) | 36 |
| 7.2 | VERZWEIGUNGEN (FLUSSKONTROLLE) | 37 |
| 7.2.1 | Die `if`-Verzweigung | 37 |
| 7.2.2 | Die `switch`-Verzweigung | 38 |
| 7.3 | VERGLEICHE | 39 |
| 7.3.1 | Einfache Vergleiche (`<, <=, >, >=, ==, ~=`) | 39 |
| 7.3.2 | Verknüpfung von Vergleichen, logische Vergleiche (`&, |, ~`) | 39 |
| 7.4 | KURZÜBUNGEN ZU KAP. 7 | 40 |
| **8.** | **DATENSPEICHERUNG (STRUKTUREN UND ZELLEN)** | **41** |
| 8.1 | STRUCT (`STRUCT`) | 41 |
| 8.2 | ZELLEN (`CELL`) | 44 |
| 8.3 | KURZÜBUNGEN ZU KAP. 8 | 44 |
| **9.** | **AUFGABEN UND ÜBUNGEN** | **45** |
| **10.** | **SAMMLUNG DER WICHTIGSTEN BEFEHLE** | **58** |
| **11.** | **SACHWORTVERZEICHNIS** | **64** |

# 1. Hilfe, Hilfe!

Befehle: `help, lookfor, doc`

## 1.1 Direkte Hilfeanforderung (`help`)

MATLAB bietet verschiedene sehr gute Hilfen an. Die einfachste und effizienteste Art ist die Eingabe auf dem Command Window. Sie benötigen z.B. die Hilfe zum Befehl `plot`:
Geben Sie Folgendes auf dem Command Window ein:

```
help plot
```

Dies liefert folgendes Resultat:
```
plot - 2-D line plot

    This MATLAB function creates a 2-D line plot of the data in Y versus the
    corresponding values in X.If X and Y are both vectors, then they must have
    equal length and MATLAB plots Y versus X.If X and Y are both matrices,
    then they must have equal size and MATLAB plots columns of Y versus
    columns of X.If one of X or Y is a vector and the other is a matrix, then
    the matrix must have dimensions such that one of its dimensions equals the
    vector length.

    plot(X,Y)
    plot(X,Y,LineSpec)
```
u.s.w.

Folgende Regeln:

- Das Wichtige steht am Anfang (im ersten Absatz). Mit diesen Angaben können Sie den Befehl verwenden. In den nächsten Absätzen sind Zusatzinformationen für den erweiterten Gebrauch vorhanden.
- Beachten Sie am Ende der Hilfestellung den Abschnitt mit **See also**. Dort sind verwandte Befehle aufgeführt:
  ```
  See also gca, hold, legend, LineSpec, title, xlabel, xlim, ylabel, ylim
  ```

## 1.2 Indirekte Hilfeanforderung (`lookfor`)

Sie wissen noch nicht, welchen Befehl Sie verwenden wollen. So benutzen Sie entweder eine Befehlssammlung von MATLAB oder Sie verwenden den Befehl `lookfor`. Dieser listet alle Befehle zu dem Stichwort auf. Sie möchten z.B. eine Grafik beschriften, kennen aber den Befehl dazu nicht.

Geben Sie folgendes auf dem Command Window ein:

```
lookfor annotation
```

Dies liefert folgendes Resultat:
```
text               - Text annotation.
annotation         - creates an annotation object
scribecursors      - Figure Pointers for annotations and plotedit.
startscribeobject  - Initialize insertion of annotation.
```

Der Befehl `text` entspricht am ehesten Ihren Vorstellungen. Genauere Hilfe erhalten Sie, indem Sie `help text` eingeben.

Die Suche beim Befehl `lookfor` kann jederzeit mit CTRL C unterbrochen werden.

## 1.3 Windowsbasierte Hilfefunktion (doc)

Zusätzlich ist eine windowsbasierte Hilfefunktion eingebaut, wie man sie auch von anderen Programmen kennt. Bei MATLAB ist diese Hilfe sehr gut und übersichtlich aufgebaut.

Die Hilfe kann über Help → MATLAB Help aufgerufen werden (oder F1). Der nachfolgende Bildschirm zeigt die Hilfe zum Befehl `legend`.

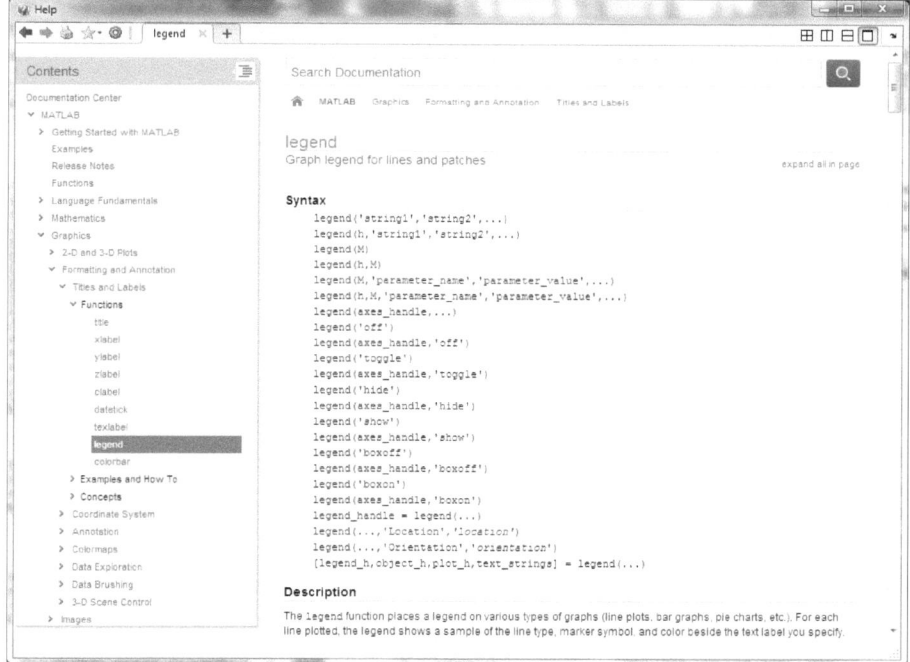

Die windowsbasierte Hilfefunktion kann auch direkt vom Command Window aufgerufen werden. Die Windows-Hilfe zum Befehl `legend` erhalten Sie, indem Sie den Befehl `doc legend` im Command Window eingeben.

## 1.4 Kurzübungen zu Kap. 1

- Studieren Sie die Hilfe der `plot`-Funktion.
- Suchen Sie die Hilfe für die Sinusfunktion.
- Öffnen Sie die windowsbasierte Hilfefunktion zum Befehl `plot` und vergleichen Sie sie mit der Hilfe auf dem Command Window.

## 2. VARIABLEN, OPERATIONEN, ZAHLENFORMATE

Befehle: `+, -, *, /, format, whos, who, clear, clc`

### 2.1 Das Command Window

Das Command Window von MATLAB können Sie als Taschenrechner benutzen. MATLAB kennt die Operationen `+, -, *, /`, ebenso die Konstanten `pi` und `j`/`i`. Das Resultat wird direkt auf dem Command Window dargestellt.

Beispiel: Sie wollen den Querschnitt eines Drahtes berechnen. Der Durchmesser beträgt 0.5mm. Der Querschnitt beträgt:

```
0.5e-3^2*pi/4                    %¹e-3=10⁻³
```

Sie erhalten folgendes Resultat (auf dem Command Window):
```
ans =
   1.9635e-007
```

Eleganter ist, wenn Sie den Durchmesser zuerst als Variable speichern:

```
d=0.5e-3
```

Sie erhalten:
```
d =
   5.0000e-004
```

Berechnen Sie nun die Fläche:

```
A=d^2*pi/4
```

Sie erhalten:
```
A =
   1.9635e-007
```

---

[1] Das `%`-Zeichen deklariert einen Kommentar

## 2.1 Das Command Window

Das Resultat ist Ihnen zu ungenau. Erhöhen Sie die Genauigkeit mit dem Befehl `format`.

```
format long

A

A =
   1.963495408493621e-007
```

Der Durchmesser ist in der Variablen `d` gespeichert, die Fläche in der Variablen `A`. Sie wollen alle Variablen kennen, die im Workspace gespeichert sind. `whos` liefert Ihnen eine genaue Auflistung dieser Variablen:

```
whos

  Name      Size            Bytes  Class

  A         1x1                 8  double array
  ans       1x1                 8  double array
  d         1x1                 8  double array
```

während `who` die abgespeckte Version davon ist:

```
who

Your variables are:

A    ans  d
```

Die Variablen im Workspace erscheinen auch im „Workspace Window" und können dort sogar editiert werden.

Mit `save` „**gewünschter Dateiname**" wird der Workspace in eine Binärdatei mit dem Namen „**gewünschter Dateiname**" gespeichert.

Alle Variablen im Workspace können mit dem Befehl `clear` gelöscht werden. `clc` löscht alle vorhergehenden Eingaben und Ausgaben im Command Window und gibt Ihnen einen „sauberen" Bildschirm zurück.

## 2.2 Kurzübungen zu Kap. 2

- Studieren Sie die Befehle `clear` und `format`.
- Löschen Sie alle Variablen im Workspace. Löschen Sie das Command Window.
- Stellen Sie das Zahlenformat auf die ursprüngliche Genauigkeit zurück.
- Berechnen Sie das Gewicht einer Aluminiumscheibe mit d=60mm, h=3mm. Das spezifische Gewicht von Aluminium beträgt 2700kg/m$^3$.

# 3. Zahlen, Arrays (Vektoren) und Matrizen

Befehle: `:`, `[1 2 3]`, `[1; 2; 3]`, `linspace`, `logspace`, `+`, `-`, `.*`, `*`, `./`, `/`

## 3.1 Manuelle Matrix-Definition

In MATLAB wird jede Variable als eigentliche Matrix aufgefasst. Definieren wir die Variable **a** als Zahl **5**.

```
a=5

a =
    5
```

Die Matrix-Grösse wird überprüft.

```
whos

  Name      Size              Bytes  Class

  a         1x1                   8  double array
```

Die Variable **a** wurde als 1x1 Matrix mit einem Element definiert. Dieses Element hat den Wert **5**.

Wir definieren den Vektor **b** (eindimensionale Matrix).

```
b=[1, 2, 3]

b =
    1    2    3
```

Die Matrix-Grösse wird überprüft.

```
whos

  Name      Size              Bytes  Class

  a         1x1                   8  double array
  b         1x3                  24  double array
```

Die Variable **b** wurde als 1x3 Matrix mit drei Elementen definiert. Diese Elemente haben die Werte **1**, **2** und **3**. Eine solche (eindimensionale) Matrix hat den Namen Vektor oder Array.

Wir definieren eine komplette Matrix **c**.

```
c=[1, 2, 3; 4, 5, 6]

c =
     1     2     3
     4     5     6
```

Dies ist gleichbedeutend mit

```
c=[[1, 2, 3];
   [4, 5, 6]]

c =
     1     2     3
     4     5     6
```

Die Matrix-Grösse wird überprüft.

```
whos

  Name      Size              Bytes  Class

  a         1x1                   8  double array
  b         1x3                  24  double array
  c         2x3                  48  double array
```

Die Variable **c** wurde als 2x3 Matrix (zwei Zeilen, drei Spalten) mit sechs Elementen definiert.

---

**Achtung:** Will man eine Matrix **d** analog Matrix **c** definieren, verwendet aber keinen Strichpunkt oder schreibt die zweite Zeile nicht durch ein Return getrennt, erhält man einen Vektor.

```
d=[[1, 2, 3],[4 , 5, 6]]

d =
     1     2     3     4     5     6
```

## 3.2 Automatische Matrix-Definition

Häufig will man ganzzahlige Vektoren definieren.
Beispiel: Definition eines Arrays oder eines Vektors mit zehn Elementen von 1 bis 10.

```
e=1:10

e =

     1     2     3     4     5     6     7     8     9    10
```

Will man einen Vektor mit unganzzahligen Elementen definieren, welche immer den selben Abstand zwischen den einzelnen Elementen haben, verwendet man `linspace`.

```
f=linspace(0,2*pi,6)

f =

     0    1.2566    2.5133    3.7699    5.0265    6.2832
```

Will man einen Vektor mit unganzzahligen Elementen definieren, welche logarithmische Abstände zwischen den einzelnen Elementen haben, verwendet man den Befehl `logspace`.

```
g=logspace(-1,1,6)

g =
    0.1000    0.2512    0.6310    1.5849    3.9811   10.0000
```

Will man einen Vektor mit aus lauter 1 definieren, verwendet man den Befehl `ones`.

```
h=ones(1,10)

h =
     1     1     1     1     1     1     1     1     1     1
```

Analoges gilt für den Befehl `zeros`.

## 3.3 Stapelung von Elementen und Vektoren

Elemente, Vektoren aber auch ganze Matrizen können zu neuen gestapelt werden. Beispiele mit obigen definierten Variablen.

```
A=[a,b]

A =
     5     1     2     3
```

> **Wichtig:** MATLAB unterscheidet zwischen Gross- und Kleinschreibung. **A** hat nichts mit **a** zu tun.

```
B=[d;f]

B =
    1.0000    2.0000    3.0000    4.0000    5.0000    6.0000
         0    1.2566    2.5133    3.7699    5.0265    6.2832
```

## 3.4 Zugriff auf Matrix-Elemente

Die generelle Syntax für den Zugriff auf einzelne Elemente lautet:

```
Variablenname(Zeile, Spalte)
```

Wir betrachten den Zugriff auf Matrix-Elemente anhand der Variablen **c**.

```
c =
     1     2     3
     4     5     6
```

Wir möchten gerne den Wert des Matrix-Elementes in der ersten Zeile an dritter Stelle erfahren:

```
c(1,3)

ans =
     3
```

## 3.4 Zugriff auf Matrix-Elemente

Analog gilt, wenn wir den Wert des Matrix-Elementes in der zweiten Zeile und der ersten Spalte erfahren wollen:

```
c(2,1)

ans =
    4
```

Ein Spezialfall ist der Zugriff auf Vektorelemente: Das dritte Element der Variable **f** lautet:

```
f(3)

ans =
    2.5133
```

> Wichtig: MATLAB beginnt bei **1** zu zählen. **0** als Index ist nicht erlaubt.
>
> ```
> f(0)
>
> ??? Subscript indices must either be real positive
> integers or logicals.
> ```

Es ist auch möglich, auf mehrere Elemente von Vektoren zuzugreifen. Um zum Beispiel bei Messreihen ungültige Messwerte zu löschen, können Vektoren beschnitten werden:

```
e(3:end)

ans =
    3    4    5    6    7    8    9   10
```

## 3.5 Vektorrechnung und Matrizenrechnung

Wir definieren zwei neue Vektoren **m** und **n**:

```
m=1:6

m =
     1     2     3     4     5     6


n=2:2:12

n =
     2     4     6     8    10    12
```

Wir addieren beide Vektoren:

```
E=m+n

E =
     3     6     9    12    15    18
```

Wir subtrahieren beide Vektoren:

```
F=m-n

F =
    -1    -2    -3    -4    -5    -6
```

Jetzt wollen wir beide Vektoren elementweise multiplizieren:

```
M=m.*n

M =
     2     8    18    32    50    72
```

## 3.5 Vektorrechnung und Matrizenrechnung

> Wichtig: Ohne den Punkt Operator möchte MATLAB Matrixoperationen anwenden.
>
> ```
> m*n
>
> ??? Error using ==> *
> Inner matrix dimensions must agree.
> ```

Dreht man den zweiten Vektor um 90° (transponieren) und führt dann eine Matrixmultiplikation aus, so erhält man als Resultat das Skalarprodukt der beiden Vektoren:

```
N=m*n'

N =
    182
```

Dreht man den ersten Vektor um 90° und führt dann eine Matrixmultiplikation aus, so erhält man als Resultat eine ganze Matrix:

```
O=m'*n

O =
     2     4     6     8    10    12
     4     8    12    16    20    24
     6    12    18    24    30    36
     8    16    24    32    40    48
    10    20    30    40    50    60
    12    24    36    48    60    72
```

Analog gilt bei der Division:

```
P=m./n

P =

    0.5000    0.5000    0.5000    0.5000    0.5000    0.5000


Q=m/n

Q =
    0.5000
```

## 3.6 Kurzübungen zu Kap. 3

- Studieren Sie die Befehle `linspace` und `logspace`. Wo sind die Unterschiede?
- Erstellen Sie einen Vektor **a** mit 20 Elementen von 0 bis 19 (ohne `linspace`).
- Erstellen Sie einen Vektor **b** mit 20 Elementen von 0 bis $2\pi$.
- Erstellen Sie eine 2x20 Matrix **A** mit den Vektoren **a** und **b**.
- Setzen Sie die beiden Elemente in der letzten Spalte auf 0.

# 4. ZWEIDIMENSIONALE GRAFISCHE DARSTELLUNGEN

Befehle: `plot, subplot, grid on/off, axis, hold on/off, title, xlabel, ylabel, legend`

Dieser Theorieteil wird mit Hilfe eines Beispiels einer „geplotteten" Sinusfunktion und einer Kosinusfunktion erläutert.

## 4.1 Darstellung in einer Achse (`plot`)

Ein x-Vektor von 0 bis $4\pi$ mit 200 Werten wird erzeugt:

```
x=linspace(0,4*pi,200);
```

> Merke: Ein Strichpunkt am Ende eines Befehls (oder einer Berechnung) unterdrückt die Ausgabe.

Der zugehörige y-Vektor wird berechnet:

```
y=sin(x);
```

Die z-Werte werden berechnet:

```
z=cos(x);
```

Die erste Figur (Bild) wird geöffnet:

```
figure(1);                    %oder einfach figure
```

Bei der ersten Verwendung von `plot` wird automatische eine neue Figur erstellt. Der Befehl `figure` ist dann nicht nötig. Bei einer weiteren Verwendung von `plot` wird in die aktuelle Figur gezeichnet. Will man eine neue Figur erstellen, muss der Befehl `figure` ausgeführt werden.

1. Die Sinusfunktion wird dargestellt:

```
plot(x,y);
```

2. Die Achsen werden eingestellt:

```
axis([0 4*pi -1 1])
```

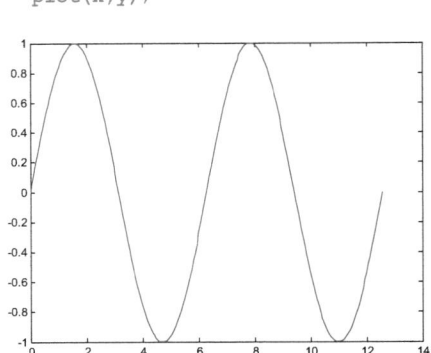

3. Das Gitternetz wird eingeschaltet:

```
grid on
```

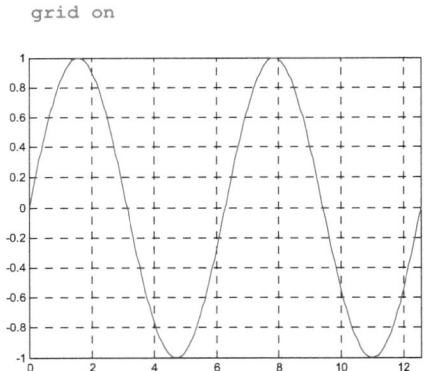

4. Ein Titel wird gesetzt:

```
title('Sinusfunktion')
```

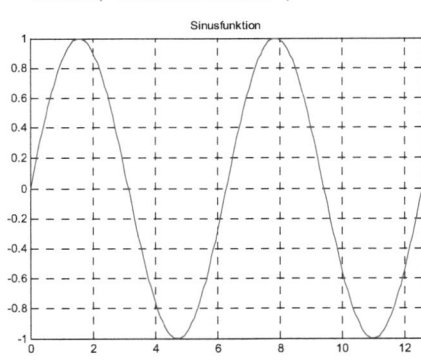

## 4.1 Darstellung in einer Achse (plot)

5. Die x-Achse wird beschriftet:

```
xlabel('Argument [rad]')
```

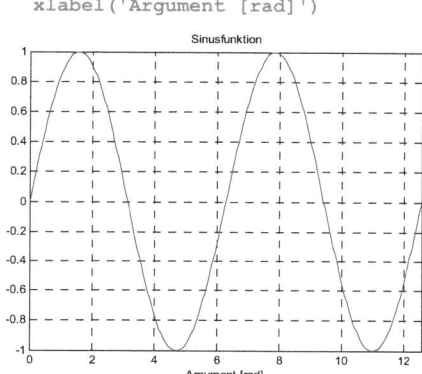

6. Die Kosinusfunktion wird rot und gestrichelt gezeichnet:

```
hold on, plot(x,z,'r--')
```

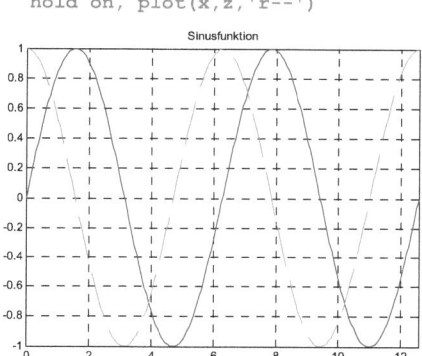

7. Der Titel wird gewechselt:

```
title('Sinus- und Kosinusfunktion')
```

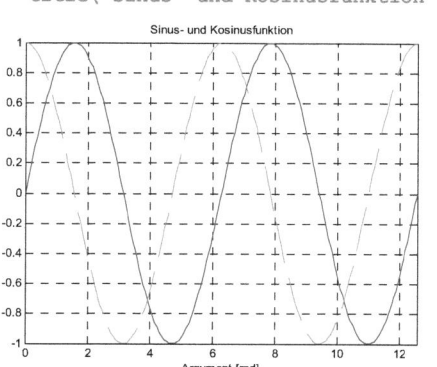

8. Eine Legende wird hinzugefügt:

```
legend('Sinus','Kosinus')
```

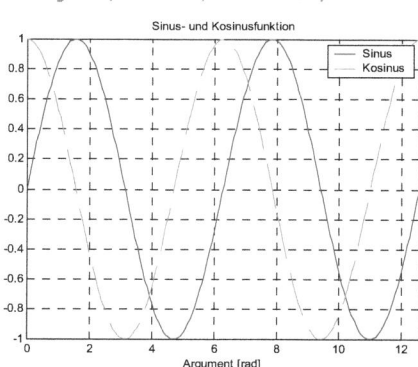

Bemerkungen und Kommentare:

Falls der Befehl `plot(x,y)` verwendet wird, müssen die Vektoren **x** und **y** die gleiche Länge haben.

Für eine schnelle Überprüfung von Vektoren kann der Befehl `plot(y)` verwendet werden. Die **x**-Achse stellt den Index des Vektors **y** dar.

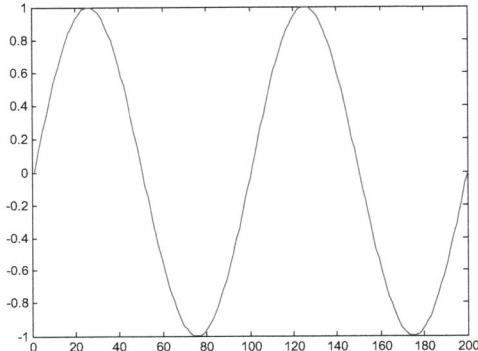

Der Befehl `hold on` bewirkt, dass mehrere Grafiken in eine Figur (auf einer Achse) gezeichnet werden können. Verwendet man ihn im obigen Beispiel nicht, so wird die Sinuskurve gelöscht und nur die Kosinuskurve dargestellt. Der Befehl `hold on` kann mit `hold off` wieder ausgeschaltet werden.

Text wird mit einfachen Anführungszeichen gekennzeichnet z.B. `title('Sinus- und Kosinusfunktion')`.

## 4.2 Darstellung mehrerer Plots in einem Fenster (`subplot`)

Der Befehl `subplot` erlaubt die Anordnung mehrerer Zeichnungen (plots) in einem Fenster. Die *erste Zahl* von `subplot` zeigt an, in wie viele *Zeilen*, die *zweite Zahl*, in wie viele *Spalten* das Fenster unterteilt wird. Die letzte Zahl ist eine Laufnummer für die Adressierung der entsprechenden Zeichnung.

1. Beispiel `subplot(12x)`:

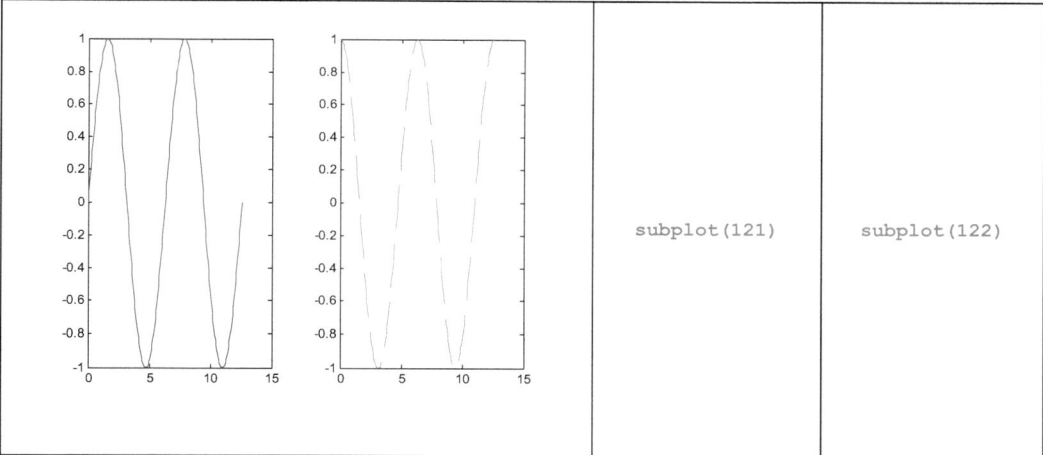

2. Beispiel `subplot(32x)`:

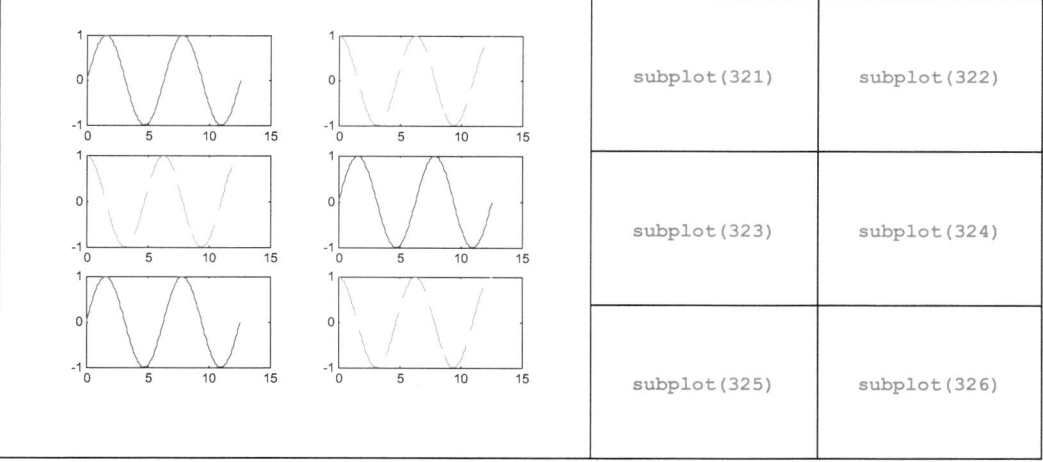

In diesem Beispiel werden die Sinus- und die Kosinusfunktion in zwei Figuren dargestellt. Die Variablen **x**, **y**, und **z** werden weiterhin verwendet.

Die zweite Figur wird geöffnet (nötig, damit die erste Figur nicht überschrieben wird):

```
figure(2);                    %oder einfach figure
```

1. Die Sinusfunktion wird in der ersten Zeile dargestellt:

```
subplot(211), plot(x,y);
```

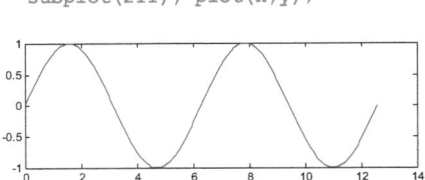

2. Die Achsen werden eingestellt:

```
axis([0 4*pi -1 1])
```

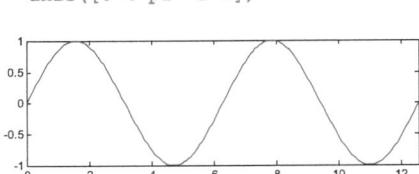

3. Das Gitternetz wird eingeschaltet:

```
grid on
```

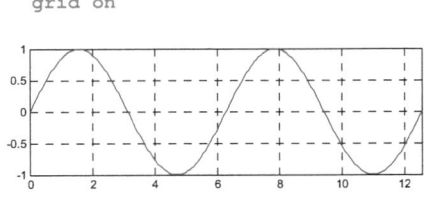

4. Ein Titel wird gesetzt:

```
title('Sinusfunktion')
```

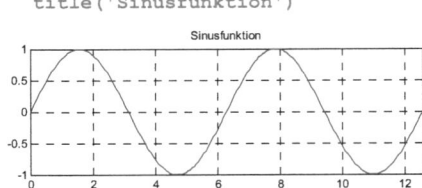

## 4.2 Darstellung mehrerer Plots in einem Fenster (subplot)

5. Die Kosinusfunktion wird in der zweiten Zeile rot und gestrichelt gezeichnet:

   `subplot(212), plot(x,z,'r--')`

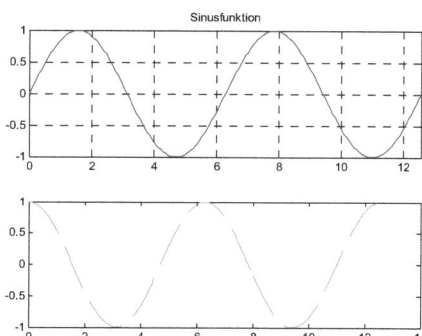

6. Achsen und Gitter müssen separat eingestellt werden:

   `axis([0 4*pi -1 1]), grid on`

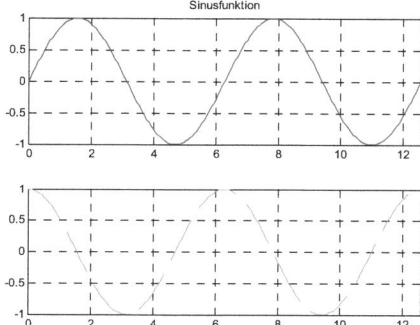

7. Der Titel wird gesetzt:

   `title('Kosinusfunktion')`

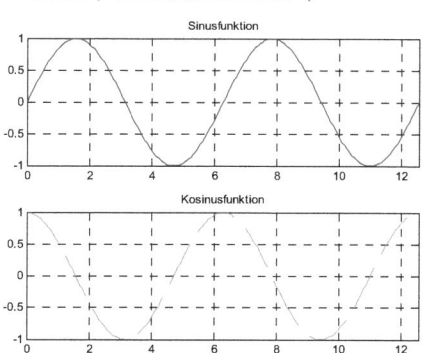

8. Die x-Achse wird beschriftet:

   `xlabel('Argument [rad]')`

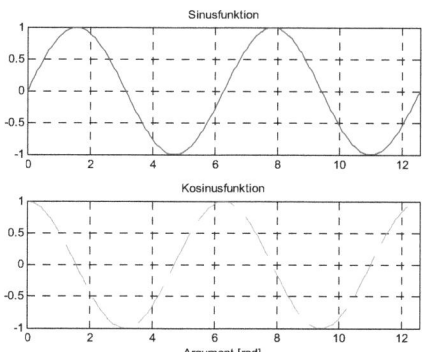

9. Mit `subplot` kann zwischen den Achsen gewechselt werden:

```
subplot(211),                        subplot(212),
title('Die Sinusfunktion ist oben')  title('Die Kosinusfunktion ist
                                     unten')
```

Die einzelnen Plots können beliebig im Fenster verteilt werden:

## 4.3 Kurzübungen zu Kap. 4

- Stellen Sie sin(*x*), sin(*2x*) und sin(*3x*) gemeinsam in einer Figur dar. Beschriften Sie diese Figur ausführlich (Achsen) und erstellen Sie eine Legende.
- Stellen Sie diese Funktionen alle untereinander dar.
- Stellen Sie e$^x$ und ln(*x*) in einer Figur dar.

# 5. Das M-File, der Matlab-Editor

Befehle: `*.m, clc, clear all, close all, path, addpath`

Ein M-File ist ein Text-File (ASCII-File), welches eine Aneinanderreihung einzelner MATLAB-Befehle enthält.
MATLAB besitzt zudem einen leistungsfähigen Editor für diese Files. Die Fehlersuche wird damit wesentlich vereinfacht!

## 5.1 Der Dateiname

> Wichtig: Der Dateiname des MATLAB M-Files darf beliebig gewählt werden. Die Endung muss „.m" sein. Ist der Name des M-Files jedoch gleich wie ein schon bestehendes M-File (z.B. eine MATLAB-Funktion), so wird dieses überschrieben.

Bevor ein Name gewählt wird, muss im MATLAB Command Window überprüft werden, ob eine solche Datei (resp. eine solche Funktion) nicht schon existiert. Das kann mit `help` „`gewünschter Dateiname`" getan werden.

> Tipp: Verwenden Sie deutsche Namen für Dateien. Da MATLAB in englischer Sprache programmiert ist, haben Sie dadurch seltener Konflikte mit schon bestehenden Funktionen.

Der Dateiname *darf* folgende Zeichen (Sonderzeichen und Leerzeichen) *nicht* enthalten:
`+, -, ., @, #, *, &, ?, !`

Der Dateiname *sollte* folgende Zeichen (Umlaute) *nicht* enthalten:
`ö, ä, ü, é, à, è`

Der Dateiname *darf* folgende Zeichen enthalten:
`_, 0, 1, 2, 3, ...,` (und alle Buchstaben).

## 5.2 Aufbau eines M-Files

Der Aufbau eines M-Files wird hier anhand der Datei `Mandelbrot.m` gezeigt. Dabei wird nicht auf den *Inhalt* der Datei eingegangen, sondern auf den *Aufbau*!

Die Abschnittsnummern im Text stimmen mit den nummerierten Teilen (links von der Datei) des M-Files `Mandelbrot.m` überein.

### *5.2.1 Der Header (1-6)*

Es ist sinnvoll, jedes M-File mit einem Kopf (Header) zu beginnen, der die Datei genügend genau beschreibt.

1. Der Header ist mit `%`-Zeichen zu beginnen. Dann wird der ganze Text, der dahinter erscheint, zum Kommentar (`grün`).

2. Falls im M-File selbst geschriebene Funktionen verwendet werden, die nicht von MATLAB stammen, werden diese Funktionen hier aufgelistet. Die Fehlersuche bei nicht funktionierenden Dateien wird dadurch wesentlich vereinfacht.

3. Falls in dieser Datei externe Dateien verwendet werden (z.B. Datenfiles), so sind diese hier aufzulisten.

4. Erzeugt das M-File neue Dateien, so sind diese hier aufzulisten.

5. Wird in dieser Datei auf globale Variablen zugegriffen, so sollten diese erwähnt werden. Von globalen Variablen rate ich generell ab, bei grossen Simulationen sind sie jedoch unumgänglich.

6. Wird `help Mandelbrot` auf dem Command Window aufgerufen, erscheint der ganze Datei-Header (auf S. 26 aufgelistet). Der Header endet mit der ersten Zeile im M-File, die nicht mit einem `%`-Zeichen beginnt (`6`).

## 5.2 Aufbau eines M-Files

```
1   %*********************************************************************
    % Projekt     : Zeichnet die Mandelbrotmenge
    % Autor       : Stefan Wicki
    % Dateiname   : Mandelbrot.m
    % Beginndatum : 03.08.15
    % Enddatum    : 12.08.15
    % Version     : 1.1
    %*********************************************************************
    % Eine Mandelbrotmenge ist als Fraktalmenge bekannt. Punkte (Koordinaten in
    % der komplexen Ebene) werden solange iteriert bis sie entweder
    % konvergieren oder divergieren. Wie schnell ein Punkt divergiert (d.h. der
    % Betrag der komplexen Zahl eine gewisse Grenze überschreitet), bestimmt die
    % Farbe des selben. Punkte nahe des Zentrums (0,0j) konvergieren eher
    % als solche, die weit weg sind.
    % Der Algorithmus lautet folgendermassen (z ist eine komplexe Zahl):
    % z(N+1)=z(N)+z(N)^2
    %*********************************************************************
    %
2   % used functions:   -
    %
3   % input files:      -
    %
4   % output files:     -
    %
    %*********************************************************************
    %
5   % global variables: -
    %
    %*********************************************************************
6
```

```
help Mandelbrot

***************************************************************************
    Projekt      : Zeichnet die Mandelbrotmenge
    Autor        : Stefan Wicki
    Dateiname    : Mandelbrot.m
    Beginndatum  : 03.08.15
    Enddatum     : 12.08.15
    Version      : 1.1

***************************************************************************
    Eine Mandelbrotmenge ist als Fraktalmenge bekannt. Punkte (Koordinaten in
    der komplexen Ebene) werden solange iteriert bis sie entweder
    konvergieren oder divergieren. Wie schnell ein Punkt divergiert (d.h. der
    Betrag der komplexen Zahl eine gewisse Grenze überschreitet), bestimmt die
    Farbe des selben. Punkte nahe des Zentrums (0,0j) konvergieren eher
    als solche, die weit weg sind.
    Der Algorithmus lautet folgendermassen (z ist eine komplexe Zahl):
    z(N+1)=z(N)+z(N)^2

***************************************************************************
    used functions:     -

    input files:        -

    output files:       -

***************************************************************************
    global variables:   -

***************************************************************************
```

## 5.2.2 Initialisierungen (7-10)

7. Bevor Variablen neu definiert werden, sollte man den Workspace aufräumen und Variablen von alten Programmen löschen.

> Merke: Bei Verwendung von globalen Variablen (`global`) und bei Funktionen ist diese Zeile (7) zu entfernen. Sonst werden die globalen Variablen respektive die Übergabewerte der Funktionen gelöscht.

8. Jetzt beginnt man mit der Initialisierung von Variablen, Konstanten, Matrizen und Vektoren.
9. Eine Beschreibung dieser erleichtert das Lesen von M-Files generell, auch wenn ein M-File beispielsweise bereits ein Jahr alt ist.
10. Häufig werden aus den initialisierten Variablen erste Vektoren und Matrizen erstellt.

```matlab
7   clc; clear all; close all; close all hidden;

    %-----------------------------------------------------------------
8   % Initialisierungen:
    %-----------------------------------------------------------------

    % Definition des Gebietes in der komplexen Ebene
9   Real_Min  =  -2;          %Realteil negativster Punkt
    Real_Max  =  0.7;         %Realteil positivster Punkt
    Imag_Min  =  -j;          %Imaginärteil negativster Punkt
    Imag_Max  =  j;           %Imaginärteil positivster Punkt

    N_Real    =  300;         %Anzahl Punkte in x-Richtung (Realteil)
    N_Imag    =  300;         %Anzahl Punkte in y-Richtung (Imaginärteil)

    GRENZE    =  1e6;         %Grenze für divergieren
    iter      =  30;          %Anzahl Iterationen


10  RE=linspace(Real_Min, Real_Max, N_Real);
    IM=linspace(Imag_Min, Imag_Max, N_Imag);
```

### 5.2.3 Berechnung und Ausgabe (11, 12)

11. Nun beginnt man mit der eigentlichen Berechnung (Lösung des Problems).
12. Häufig werden Resultate grafisch dargestellt.

11
```
%-------------------------------------------------------------------
% Mandelbrotmenge berechnen:
%-------------------------------------------------------------------

x=RE;
y=imag(IM);
Z=zeros(N_Real,N_Imag);

for k=1:N_Real
    for m=1:N_Imag
        z=0;
        for n=1:iter
            z=z^2;
            z=z+RE(k)+IM(m);
            if abs(z)>GRENZE
                break
            end
        end
        Z(k,m)=n;
    end
 end
```

12
```
figure;
hold off;
contourf(x,y,Z');
axis off;


%-------------------------------------------------------------------
% ENDE
%-------------------------------------------------------------------
```

## 5.3 Kurzübungen zu Kap. 5

- Wiederholen Sie die Kurzübungen zu Kap. 4, speichern Sie nun aber diesen Code in einem M-File, welches Sie ausführlich beschriften. Überprüfen Sie mit `help Ihr_Dateiname.m` die Hilfe zu Ihrer Datei.

- Benutzen Sie den MATLAB-Editor und spielen Sie damit. Testen Sie die Funktionalität des eingebauten Debuggers, indem Sie in Ihrer Datei Breakpoints setzen. Bauen Sie auch bewusst Fehler ein.

- Studieren Sie die Befehle `path` und `addpath`. Fügen Sie Ihr erstes M-File zum Suchpfad dazu. Verwenden Sie dazu den Pathbrowser.

# 6. Eigene Funktionen und Fehlerbehandlung

Befehle: `function, return, nargin, error`

Eine Funktion ist ein M-File, welchem Variablen (Vektoren, Matrizen) übergeben werden. Eine Funktion kann auch Variablen zurückgeben (muss aber nicht).

## 6.1 Der Funktionsname

Die Namensvergabe von Funktionen verläuft analog zur Namenswahl von M-Files:

> Wichtig: Der Dateiname einer MATLAB-Funktion darf beliebig gewählt werden. Die Endung muss „.m" sein. Ist der Name der neuen MATLAB-Funktion jedoch gleich wie eine schon bestehende Funktion, so wird diese überschrieben.

Wiederum kann die Existenz vorhandener Funktionen mit `help` „**gewünschter Funktionsname**" überprüft werden.

## 6.2 Aufbau einer Funktion

Der Aufbau einer Funktion ist analog zum Aufbau eines M-Files.

Zwingend muss aber die Zeile `(7) clc; clear all; close all; close all hidden` entfernt werden. Sonst werden die Übergabewerte der Funktion nach Aufruf der Funktion soeben wieder gelöscht.

In diesem Abschnitt werden nur noch die Zusatzdefinitionen anhand der Funktion `grad.m` gezeigt.

Die Abschnittsnummern im Text stimmen mit den nummerierten Teilen (links von der Datei) der Funktion `grad.m` überein.

## 6.2 Aufbau einer Funktion

### 6.2.1 Funktionsdefinition (1)

1. Die Funktion wird generell folgendermassen definiert:

   ```
   function [Rückgabewert1, 2, ...] = Funktionsname(Übergabewert1, 2, ...)
   ```

   In unserem Beispiel:

   ```
   function [ux,uy]=grad(x,y,z)
   ```

Eine Funktion muss keine Rückgabewerte haben, hat aber *meistens einen Übergabewert*. Es gibt auch Funktionen ohne Rückgabe- und Übergabewerte, die den lokalen Workspace einer Funktion nutzen (in einer Funktion deklarierte Variablen sind ausserhalb der Funktion nicht bekannt).

> Merke: Der Funktionsname und der Dateiname müssen gleich sein. Sonst wird die Funktion nicht erkannt (1)! In unserem Beispiel:
> 
> Dateiname: `grad.m`
> 
> → Funktionsdefinition: `function [ux,uy]=grad(x,y,z)`

```
%****************************************************************************
% Projekt    : Bestimmt den Gradienten einer Funktion von 2 Variablen (x, y)
% Autor      : Stefan Wicki
% Dateiname  : grad.m
% Beginndatum: 10.02.16
% Enddatum   : 10.02.16
% Version    : 1.0
%****************************************************************************
%
% function [ux,uy] = grad(x,y,z)
%
% ux = Gradient in x-Richtung
% uy = Gradient in y-Richtung
%
% x  = Vektor mit den x-Koordinaten
% y  = Vektor mit den y-Koordinaten
% z  = Matrix mit den Werten
%
% the first two matrix arguments, must have length(x) = n and length(y) = m
% where [m,n] = size(z)
%
%****************************************************************************
%
% used functions:      -
```

```
%
% input files:           -
%
% output files:          -
%
%*****************************************************************************
%
% global variables:      -
%
%*****************************************************************************
```
1  `function [ux,uy]=grad(x,y,z)`

### 6.2.2 Zugriff auf Übergabewerte

2. Die Übergabewerte (`x,y,z`) sind der Funktion bei Aufruf bekannt. Auf sie kann normal zugegriffen werden.

Selbst wenn diese Variablen in der Funktion überschrieben werden, sind sie ausserhalb der Funktion noch „unbeschädigt" und unverändert (lokale Variablen).

### 6.2.3 Berechnung der Rückgabewerte

3. Die Rückgabewerte (`ux,uy`) werden in der Funktion berechnet. Zurückgegeben werden die Werte, die diese Variablen enthalten, wenn die Funktion verlassen wird.

### 6.2.4 Ende (Verlassen) einer Funktion

4. Wird nichts Spezielles vermerkt, endet eine Funktion mit der letzten Zeile vom ausführbaren Code.

Eine Funktion kann vorzeitig durch den Befehl `return` verlassen werden.

```
%--------------------------------------------------------------------
% Berechnet den Gradienten in x-Richtung:
%--------------------------------------------------------------------

% Der Gradient wird durch gegenseitiges Verschieben der Vektoren berechnet
% fx|y=(z2-z1)./(x2-x1)
```
2  `for i=1:length(y)          % Scheiben in x-Richtung "schneiden"`
3  `   ux(i,:)=([z(i,:) 1]-[1 z(i,:)])./([x 1]-[1 x]);`
   `end`

   `% Randeffekte beseitigen`
3  `ux(:,1)=ux(:,2);`
3  `ux=ux(:,1:size(ux,2)-1);`

```
    %---------------------------------------------------------------
    % Berechnet den Gradienten in y-Richtung:
    %---------------------------------------------------------------

    % Der Gradient wird durch gegenseitiges Verschieben der Vektoren berechnet
    % fy|x=(z2-z1)./(y2-y1)
    for i=1:length(x)            % Scheiben in y-Richtung "schneiden"
        uy(:,i)=(([z(:,i)' 0]-[0 z(:,i)'])./([y 1]-[1 y]))';
    end

    % Randeffekte beseitigen
    uy(1,:)=uy(2,:);
    uy=uy(1:size(uy,1)-1,:);

    %---------------------------------------------------------------
    % ENDE
    %---------------------------------------------------------------
```

## 6.3 Aufruf einer Funktion

Der generelle Aufruf einer Funktion lautet:

```
[Rückgabewert 1, 2, ...] = Funktionsname(Übergabewert 1, 2, ...)
```

In unserem Beispiel:

```
[ux,uy] = grad(x,y,z)
```

Dabei gelten folgende Regeln:

Für den Funktionsaufruf *dürfen* auch andere Variablennamen verwendet werden (z.B. `[A,B]=grad(r,s,t)`), *müssen aber nicht*.

Wird die Funktion ohne Rückgabewerte aufgerufen, obwohl sie solche hat, so wird nur der Rückgabewert 1 im Command Window ausgegeben.

Es können auch Funktionen geschrieben werden, die eine variable Anzahl Übergabewerte zulassen (die meisten MATLAB-Funktionen sind so aufgebaut).

> **Merke:** Eine Funktion kann nur aufgerufen werden, wenn sie MATLAB auch bekannt ist!
>
> Dazu muss man entweder im gleichen Verzeichnis arbeiten, in der sich die Funktion befindet, oder man fügt das Verzeichnis der Funktion im MATLAB-Pfad zu (`addpath` oder Pathbrowser von MATLAB).

## 6.4 Kurzübungen zu Kap. 6

- Schreiben Sie eine Funktion

  `function [add, sub, mult, div, pow] = dual(a, b)`

  welche die zwei Zahlen `a` und `b` addiert `(add)`, subtrahiert `(sub)`, multipliziert `(mult)`, dividiert `(div)` und potenziert `(pow)`. Testen Sie diese Funktion gründlich.
- Überlegen Sie sich, welche Fehlerbehandlung für diese Funktion sinnvoll wäre.
- Studieren Sie die Hilfe zu den MATLAB-Funktionen `return`, `nargin` und `error`.

# 7. Schleifen, Verzweigungen und Vergleiche

Befehle: `for`, `while`, `break`, `if`, `elseif`, `else`, `<`, `<=`, `>`, `>=`, `==`, `~=`, `&`, `|`, `~`

## 7.1 Schleifen

Es gibt zwei verschiedene Befehle für Schleifenstrukturen: `for` und `while`.
Der `for`-Befehl wird verwendet, wenn man „*ganzzahlige*" Bedingungen setzt und Indizes erhöht. Der `while`-Befehl wird verwendet, wenn eine Befehlsanweisung mit „*solange*" übersetzt werden kann.
Der `for`-Befehl wird häufiger verwendet.

### 7.1.1 Die `for`-Schleife

Die allgemeine Struktur einer `for`-Schleife lautet:

```
for Variable = Bedingung
     Befehle;
end
```

Beispiel eines Programms, welches die Quadratzahlen von 1 bis 10 ausgibt:

```
for k = 1:10
     x(1,k)= k;
     x(2,k)= k^2;
end
x
```

ergibt:

```
x =

     1     2     3     4     5     6     7     8     9    10
     1     4     9    16    25    36    49    64    81   100
```

> **Merke:** Der Lieblingsindex der meisten Programmierer ist `i` und `j`. Sie dürfen diese verwenden, sollten aber nicht, da `i` und `j` in MATLAB als imaginäre Einheit vordefiniert sind!

### 7.1.2 Die `while`-Schleife

Die allgemeine Struktur einer `while`-Schleife lautet:

```
Initialisierung;                    %Initialisierung der Bedingungsvariablen
while Bedingung                     %solange die Bedingung wahr ist...
    Befehle;
    Veränderung der Bedingung;
end
```

Dieses Programm gibt ebenfalls die Quadratzahlen von 1 bis 10 aus. Beachten Sie die Unterschiede zum `for`-Befehl:

```
k=1;                                %Initialisierung der Bedingungsvariablen
while k<=10                         %solange k kleiner oder gleich 10 ist
    x(1,k)= k;
    x(2,k)= k^2;
    k=k+1;                          %Erhöhung von k um 1
end
x
```

Die `while`-Struktur sieht zwar komplexer aus, trotzdem hat sie eine Berechtigung, vor allem, wenn Bedingungen mit *unganzzahligen* Werten gestellt werden oder wenn beim Einstieg in die Schleife die Anzahl Iterationen unbekannt ist.

### 7.1.3 Vorzeitiges Verlassen von Schleifen (`break`)

Mit dem Befehl `break` kann man eine Schleife vorzeitig verlassen, d.h. bevor die Bedingung falsch ist.

Hat man mehrere ineinander verschachtelte Schleifen, so bewirkt der Befehl `break` das Verlassen der Schleife, in welcher der Befehl angewendet wird. Ist noch eine übergeordnete Schleife vorhanden, wird diese normal ausgeführt.

## 7.2 Verzweigungen (Flusskontrolle)

### 7.2.1 Die `if`-Verzweigung

Der `if`-Befehl kann als „wenn-dann" aufgefasst werden. Die allgemeine Struktur des `if`-Befehls lautet:

```
if Bedingung1
      Befehle;
elseif Bedingung2
      Befehle;
elseif Bedingung3
      Befehle;
...
else
      Befehle;
end
```

Hat man nur eine Bedingung, dann vereinfacht sich die allgemeine Struktur zu:

```
if Bedingung1
      Befehle;
else
      Befehle;
end
```

Folgendes Programm bestimmt das Vorzeichen einer Zahl **a**:

```
if a<0
      'Die Zahl ist negativ'
elseif a==0
      'Die Zahl ist Null'
else
      'Die Zahl ist positiv'
end
```

## 7.2.2 Die *switch-Verzweigung*

Der `switch`-Befehl wird verwendet, wenn die erwarteten Werte der Eingabe bekannt sind und bestimmte Werte aufweisen. Die allgemeine Struktur des `switch`-Befehls lautet:

```
switch Variable              %zu untersuchende Variable
    case Wert1               %Fall1
        Befehle;
    case Wert2               %Fall2
        Befehle;
    ...
    otherwise                %Fall1 bis Fall2 ist nicht eingetreten
        Befehle;
end
```

Folgendes Programm ordnet der Zahl **a** einen Wochentag zu (1→Montag, 2→Dienstag, ..., 7→Sonntag):

```
switch a
    case 1
        'Montag'
    case 2
        'Dienstag'
    case 3
        'Mittwoch'
    case 4
        'Donnerstag'
    case 5
        'Freitag'
    case 6
        'Samstag'
    case 7
        'Sonntag'
    otherwise
        'ungültige Eingabe!'
end
```

## 7.3 Vergleiche

### 7.3.1 Einfache Vergleiche  (<, <=, >, >=, ==, ~=)

Um Bedingungen zu erstellen, müssen Vergleiche erstellt werden. Diese sind in nachfolgender Tabelle zusammengestellt:

| | |
|---|---|
| <  | kleiner als |
| <= | kleiner als oder gleich |
| >  | grösser |
| >= | grösser als oder gleich |
| == | gleich |
| ~= | ungleich |

> **Merke:** Um die Variablen **a** und **b** auf Gleichheit zu testen, wird der Befehl **a==b** verwendet. Verwenden Sie nicht **a=b**, sonst wird **b** in **a** abgespeichert!

### 7.3.2 Verknüpfung von Vergleichen, logische Vergleiche  (&, |, ~)

Werden mehrere Vergleiche miteinander verknüpft, werden logische Vergleiche verwendet. Diese sind in nachfolgender Tabelle zusammengestellt:

| | |
|---|---|
| & | UND |
| \| | ODER |
| ~ | NICHT |

Folgendes Programm untersucht den Wertebereich der Variablen **a**:

```
if (a>5)&(a<10)
      'Die Zahl ist zwischen 5 und 10'
elseif (a==5)|(a==10)
      'Die Zahl 5 oder 10'
else
      'Die Zahl kleiner als 5 oder grösser als 10'
end
```

## 7.4 Kurzübungen zu Kap. 7

- Schreiben Sie eine Funktion `function [dez] = hex2dez(hex)`, welche eine hexadezimale Zahl (nur eine Ziffer) `hex` in eine dezimale Zahl `dez` umwandelt.
- Erstellen Sie auch eine Fehlerbehandlung dazu.

# 8. Datenspeicherung (Strukturen und Zellen)

Befehle: `struct, fieldnames, getfield, isfield, cell, iscell, struct2table, struct2cell, cell2struct, cell2mat`

Neben der herkömmlichen Speicherung von Daten in Variablen gibt es in MATLAB elegante Methoden, Daten zusammenzufassen. Es sind dies Strukturen (`struct`) und Zellen (`cell`). Beide sind „Datencontainer" und erlauben die Speicherung von beliebigen Datenformaten.

Dies sind auch elegante Methoden, um mehrere Übergabe– und Rückgabewerte von einer Funktion zu realisieren.

Im Folgenden werden die Strukturen als „structs" bezeichnet und die Zellen als „cells".

Structs und cells sind eng miteinander verwandt. Mit beiden Datentypen können sowohl flache, wie auch hierarchische Datenstrukturen realisiert werden.

Bei structs geschieht der Zugriff auf einzelne Werte über den *Namen* des structs und die *Feldnamen* und nur im Spezialfall über Indizes. Bei cells gibt es nur den Zugriff über *Indizes*. Cells eignen sich hervorragend für den Datenzugriff in einer Schleife.

All diese Datentypen kann man mit den entsprechenden Befehlen ineinander umwandeln.

## 8.1 Struct (`struct`)

Der Befehl, um einen Struct zu erzeugen, lautet:

```
S = struct('Feld1', Wert1, 'Feld2', Wert2, ..., 'FeldN', WertN)
```

Oder man erzeugt einen Struct mithilfe der Punktschreibweise:

```
S.Feld1 = Wert1
S.Feld2 = Wert2
   ...
S.FeldN = WertN
```

Die Felder sind die *Feldnamen* des structs. Dementsprechend sind die Datentypen der Feldnamen alles strings.

Die Werte werden in den entsprechenden Feldern gespeichert. Darin können alle möglichen Datentypen gespeichert werden: einzelne Zahlen, Strings, aber auch ganze Matrizen.

Als Beispiel definieren Sie einen Widerstand als struct. Anstelle des Befehls `struct` können die Felder auch mittels Punktoperation gesetzt und ausgelesen werden.

```
R.Typ       ='Widerstand';
R.Wert      = 270;
R.Leistung  = 0.6;
R.Tol       = 1e-2;
```

Sie erhalten folgendes Resultat (auf dem Command Window):

```
R
R =
         Typ: 'Widerstand'
        Wert: 270
    Leistung: 0.6000
         Tol: 0.0100
```

Sie möchten die erzeugte Leistung in diesem Widerstand bei einer Spannung von 5V berechnen:

```
P=5^2/R.Wert
```

Sie erhalten:

```
P =
    0.0926
```

Mit dem Befehl `isfield(struct, 'Feldname')` kann überprüft werden, ob ein Feld in einem struct vorhanden ist.

```
isfield(R, 'Tol')
```

Sie erhalten:

```
ans =
     1
```

Nun definieren Sie einen Kondensator als Struct:

```
C.Typ       ='Kondensator';
C.Wert      = 1e-9;
C.Spannung  = 50;
C.Tol       = 10e-2;
```

Structs können beliebig ineinander verschachtelt und so ganz einfach hierarchisch organisiert werden.

## 8.1 Struct (struct)

Sie beschreiben ein π-Glied bestehend aus drei Elementen: den oben definierten Widerstand mit einem Wert von 270Ω im Querpfad, den oben definierten Kondensator im Längspfad und einen neuen Widerstand mit einem Wert von 100Ω als letzter Querpfad. Der neue Widerstand muss zuerst definiert werden. Dazu kann man den vorhandenen Struct `R` kopieren und die Werte anpassen:

```
R_neu         = R;
R_neu.Wert    = 100;
```

Sie weisen die einzelnen Elemente dem π-Glied zu:

```
pi_Glied.E1 = R;
pi_Glied.E2 = C;
pi_Glied.E3 = R_neu;
```

Im struct `pi_Glied` sind nun die Structs der Elemente gespeichert:

```
pi_Glied
```

Sie erhalten:

```
pi_Glied =
    E1: [1x1 struct]
    E2: [1x1 struct]
    E3: [1x1 struct]
```

Sie möchten das zweite Element des π-Glied wissen:

```
pi_Glied.E2
```

Sie erhalten:
```
pi_Glied.E2 =
         Typ: 'Kondensator'
        Wert: 1.0000e-09
    Spannung: 50
         Tol: 0.1000
```

Sie können einen *mehrdimensionalen* Struct aus vorhandenen Structs erstellen, falls alle Felder (die *Feldnamen*, nicht die Inhalte) identisch sind:

```
Widerstandsset(1) = R;
Widerstandsset(2) = R_neu;

Widerstandsset
```

Sie erhalten:
```
Widerstandsset =
1x2 struct array with fields:
    Typ
    Wert
    Leistung
    Tol
```

In einer Schleife kann man bequem auf die einzelnen Elemente zugreifen.

## 8.2 Zellen (`cell`)

Das vorher definierte π-Glied kann auch mittels einer cell beschrieben werden:

```
pi_Cell      = cell(4,3);
pi_Cell(1,:) ={pi_Glied.E1.Typ,pi_Glied.E2.Typ,pi_Glied.E3.Typ}
pi_Cell(2,:) ={pi_Glied.E1.Wert,pi_Glied.E2.Wert,pi_Glied.E3.Wert}
pi_Cell(3,:) ={pi_Glied.E1.Leistung,pi_Glied.E2.Spannung,pi_Glied.E3.Leistung}
pi_Cell(4,:) ={pi_Glied.E1.Tol,pi_Glied.E2.Tol,pi_Glied.E3.Tol}
```

Sie erhalten:
```
pi_Cell = =
    'Widerstand'    'Kondensator'   'Widerstand'
    [       270]    [ 1.0000e-09]   [       100]
    [    0.6000]    [         50]   [    0.6000]
    [    0.0100]    [     0.1000]   [    0.0100]
```

Sie können ohne Probleme auf einzelne Elemente, aber auch auf ganze Spalten zugreifen:

```
pi_Cell(2,:)
```

Sie erhalten:
```
[270]    [1.0000e-09]    [100]
```

## 8.3 Kurzübungen zu Kap. 8

- Erstellen Sie einen *mehrdiemsionalen* struct, der drei Familienmitglieder mit je vier Eigenschaften beschreibt.

- Wandeln Sie diesen struct mit den Befehl `struct2cell` in eine cell um.

# 9. Aufgaben und Übungen

# Übung 1: Wurfparabel

## Einleitung
Die Wurfparabel stellt den Verlauf eines Balles dar, der mit einer gewissen Anfangsgeschwindigkeit und einem gewissen Abschusswinkel geworfen wird.

Der Weg, den dieser Ball beschreibt, kann folgendermassen ausgedrückt werden:

$$sx(t) = |\vec{v}| \cdot \cos(\alpha) \cdot t$$

$$sy(t) = |\vec{v}| \cdot \sin(\alpha) \cdot t - g \cdot \frac{t^2}{2}$$

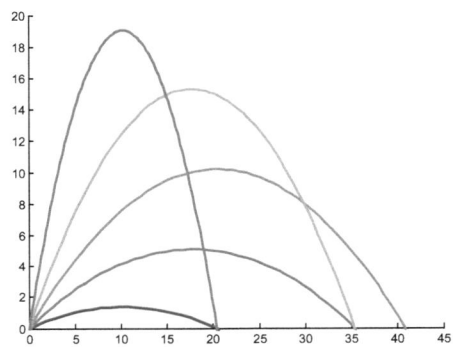

| | |
|---|---|
| $sx(t)$: | x-Komponente der Wurfbahn [m] |
| $sy(t)$: | y-Komponente der Wurfbahn [m] |
| $|\vec{v}|$: | Betrag der Wurfgeschwindigkeit [m/s] |
| $\alpha$: | Abschusswinkel [grad, rad] |
| $t$: | Zeit [s] |
| $g =$ | 9.81: Erdbeschleunigung [m/s$^2$] |

## Aufgabe
Programmieren Sie in MATLAB ein M-File, welches die Wurfparabel darstellt. Die Anzahl der dargestellten Parabeln soll im M-File verändert werden können. Bei welchem Abschusswinkel wird die Wurfweite maximal?

## Hilfreiche Befehle
```
linspace
figure
hold
axis
for
title
xlabel
ylabel
legend
num2str
```

# Übung 2: Leistungsanpassung

## Einleitung
Leistungsanpassung liegt vor, wenn der Lastwiderstand $R_L$ gleich gross ist wie der Quellenwiderstand $R_q$. Bei Leistungsanpassung wird im Lastwiderstand die maximale Leistung $P_{AV}$ umgesetzt. Das Verhältnis der Leistung im Lastwiderstand $P_L$ zur verfügbaren Leistung $P_{AV}$ kann mit folgender Formel beschrieben werden:

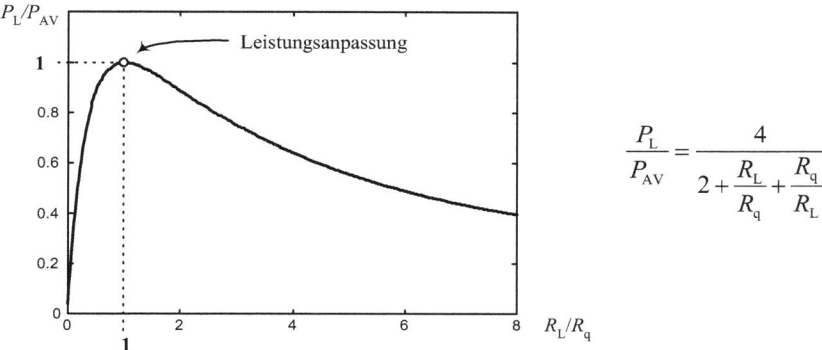

$$\frac{P_L}{P_{AV}} = \frac{4}{2 + \frac{R_L}{R_q} + \frac{R_q}{R_L}}$$

$P_L/P_{AV}$ in Funktion von $R_L/R_q$ und Betriebszustand „Leistungsanpassung"

## Aufgabe
Visualisieren Sie oben stehende Formel mit MATLAB.

Stellen Sie diesen Graph linear, halblogarithmisch (x, y) und doppellogarithmisch dar.

## Hilfreiche Befehle
```
linspace
figure
plot
subplot
semilogx
semilogy
loglog
line
text
hold
title
xlabel
ylabel
legend
```

# Übung 3: Bandpass

## Einleitung
Ein Bandpass eignet sich, um eine gewisse Frequenz aus einem Signal zu filtern. Ein Bandpass kann mit einem Schwingkreis realisiert werden

## Aufgabe
Stellen Sie für das dargestellte Netzwerk die Ausgangsspannung in der komplexen Ebene (als Animation!) in Funktion der Frequenz dar.

Verwenden Sie dazu den Befehl `compass`. Schreiben Sie Ihr Programm so, dass die Start- und Stoppfrequenz automatisch an die *L*- und *C*-Werte angepasst werden.
Die Eingangsspannung beträgt $(1+0\cdot j)$V.

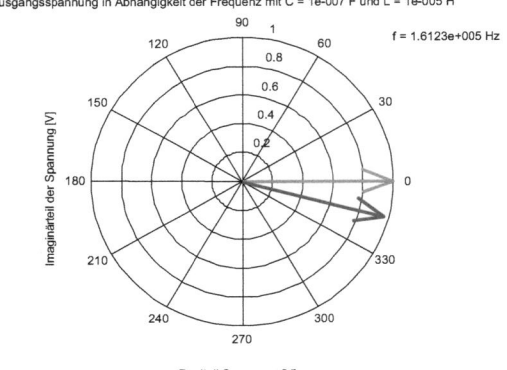

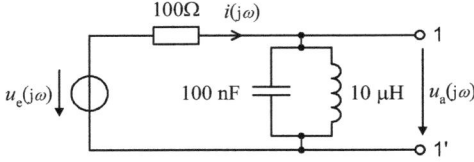

## Hilfreiche Befehle
```
linspace
for
compass
hold on
hold off
num2str
pause
title
xlabel
ylabel
text
```

# Übung 4: T-Glied

## Einleitung

Die gegebene Schaltung besteht aus einer Quelle, einem Übertragungsglied (T-Struktur) und einer Last. Der Lastwiderstand variiert im Bereich von $R_L = 0...\infty$.

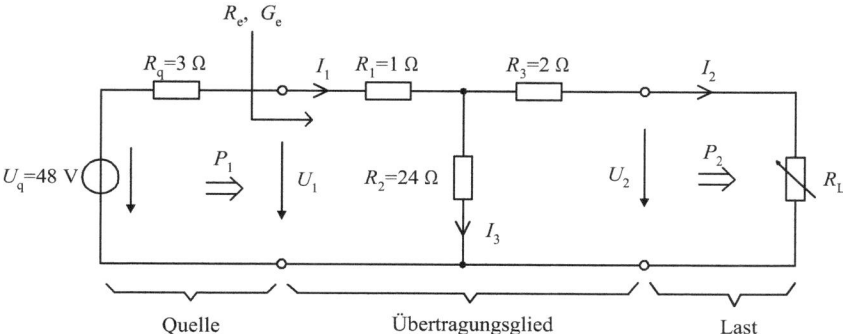

## Aufgabe

Gesucht werden alle Ströme und Spannungen im Netzwerk. Die vorbereitete Tabelle soll berechnet werden. Zeichnen Sie $P_2$ und $\eta$ in Funktion von $R_L$. ($\eta = P_2/P_1$)

| $R_L$ [$\Omega$] | $R_e$ [$\Omega$] | $G_e$ [mS] | $I_1$ [A] | $I_2$ [A] | $I_3$ [A] | $U_1$ [V] | $U_2$ [V] | $P_1$ [W] | $P_2$ [W] | $\eta$ [-] |
|---|---|---|---|---|---|---|---|---|---|---|
| 0 | | | | | | | | | | |
| 1 | | | | | | | | | | |
| 6 | | | | | | | | | | |
| 10 | | | | | | | | | | |
| 14 | | | | | | | | | | |
| 22 | | | | | | | | | | |
| 38 | | | | | | | | | | |
| 46 | | | | | | | | | | |
| 70 | | | | | | | | | | |
| $\infty$ | | | | | | | | | | |

## Hilfreiche Befehle

```
.*
./
plot
hold
title
xlabel
ylabel
disp
```

# Übung 5: 1-Tor an Wechselspannung

## Einleitung
An einem 1-Tor wird folgender Strom und folgende Spannung gemessen:

$u(t) = 2 \cdot \cos(10 \cdot t - \pi/3)$,

$i(t) = 3 \cdot \cos(10 \cdot t)$.

## Aufgabe
Berechnen Sie die Leistung $p(t)$ und skizzieren Sie diese zusammen mit Strom und Spannung. Berechnen Sie den Mittelwert der Leistung $P$.

## Hilfreiche Befehle
```
linspace
.*
figure
plot
hold
title
xlabel
ylabel
legend
sum
```

# Übung 6: Lissajous-Figur

## Einleitung

Eine Lissajous-Figur entsteht, indem man zwei harmonische Signale z.B. auf einen KO im X-Y Betrieb einspeist. Das eine Signal hat eine ganzzahlige vielfache Frequenz vom anderen. Die Lissajous-Figur kann bewegt werden, indem man die Phase von einen zum anderen Signal ändert. Die Amplituden beider Signale sind gleich.

Mathematisch ausgedrückt:

$x(t) = \sin(\omega_1 \cdot t)$

$y(t) = \sin(n \cdot \omega_1 \cdot t + \varphi)$

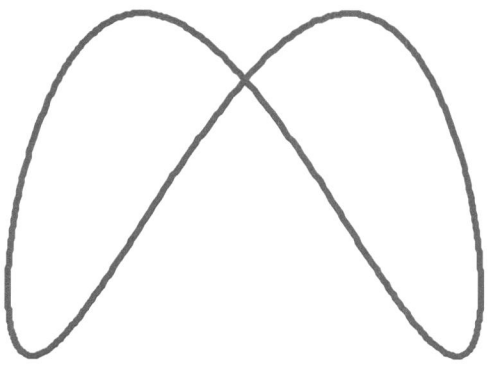

$x(t)$:          x-Komponente des Zeitsignals [-]

$y(t)$:          y-Komponente des Zeitsignals [-]

$\omega_1 =$       $2\pi f$: Kreisfrequenz [s$^{-1}$]

$t$:           Zeit [s]

$n$:          natürliche Zahl [1, 2, 3, ...]

$\varphi$:           Phasenverschiebung vom x- zum y-Signal [rad]

## Aufgabe

Programmieren Sie in MATLAB ein M-File, welches die Lissajous-Figur kontinuierlich ausgibt. Die Frequenz der y-Komponente wird in Schritten erhöht (Faktor *n*), die Phase soll kontinuierlich von 0° bis 360° erhöht werden. Die Darstellung soll flimmerfrei und optisch ansprechend sein.

## Hilfreiche Befehle

```
linspace
figure
hold
axis
colordef
plot
pause
for
```

# Übung 7: Fouriersynthese

## Einleitung

Jede periodische Funktion kann durch eine Summe von Kosinus- und Sinusschwingungen beschrieben werden:

$$u_{per}(t) = \underbrace{\frac{a_0}{2}}_{DC-Wert} + \underbrace{\sum_{n=1}^{\infty} a_n \cdot \cos(n \cdot \omega t)}_{Kosinusschwingungen} + \underbrace{\sum_{n=1}^{\infty} b_n \cdot \sin(n \cdot \omega t)}_{Sinusschwingungen}$$

Ein Rechtecksignal z.B. wird durch folgende Summe beschrieben:

$$u_{Rechteck}(t) = \hat{U} \cdot \frac{4}{\pi} \cdot \left\{ \sin(\omega t) + \frac{1}{3}\sin(3\omega t) + \frac{1}{5}\sin(5\omega t) + ... \right\} = \hat{U} \cdot \frac{4}{\pi} \cdot \sum_{n=1,3,5,...}^{\infty} \frac{1}{n} \cdot \sin(n \cdot \omega t)$$

## Aufgabe

a) Programmieren Sie in MATLAB ein M-File, welches ein Rechtecksignal aus Sinusschwingungen mit Hilfe obiger Formel zusammensetzt. Was hat die Summenlänge für eine Auswirkung auf das erzeugte Rechtecksignal? Stellen Sie die einzelnen Frequenzkomponenten dar.

b) Schreiben Sie in MATLAB eine Funktion `function = fouriersynthese(a, b)`, welche aus den Vektoren `a`, `b` (Koeffizienten $a_n$ und $b_n$) ein beliebiges periodisches Zeitsignal synthetisieren kann. Stellen Sie die einzelnen Frequenzkomponenten dar.

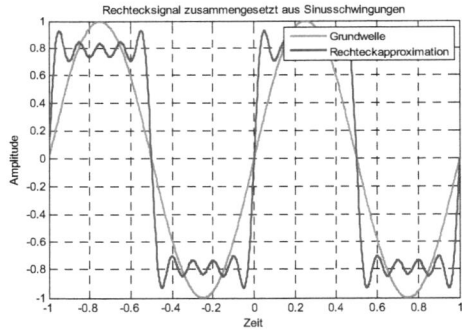

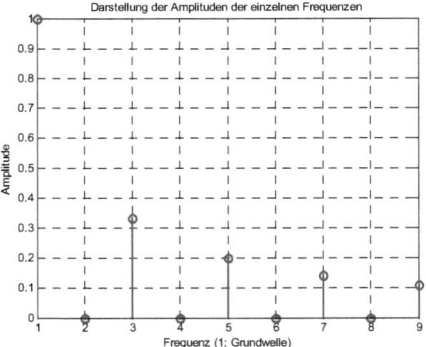

## Hilfreiche Befehle

```
linspace
figure
hold
plot3
stem
```

# Übung 8: RC-Glied

## Einleitung

Anhand dieser Übung soll verstanden werden, wie Simulationstools wie z.B. PSPICE Schaltungen im Zeitbereich simulieren.

Dies wird anhand eines einfachen RC-Gliedes untersucht. Am Eingang befindet sich eine zeitabhängige Eingangsspannung $u_e(t)$. Mit Hilfe der Werte $R$ und $C$ soll die Ausgangsspannung und der Strom durch den Widerstand zu jedem Zeitpunkt berechnet werden.

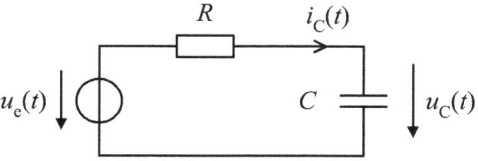

Der Strom $i_C(t)$ durch den Widerstand $R$ berechnet sich mit dem ohmschen Gesetz:

$$i_C(t) = \frac{u_e(t) - u_C(t)}{R}$$

Dieser Strom fliesst in den Kondensator und erhöht bei positivem Stromfluss die Spannung des Kondensators. Die gespeicherte Ladung $Q$ im Kondensator kann auf zwei verschiedene Arten berechnet werden:

$$Q = C \cdot U_C \quad \text{oder} \quad Q = \int_0^t i_C(t) \cdot dt + Q_0$$

Für ganz kleine Zeitschritte ($\Delta t << \tau$) gilt: $\Delta q = C \cdot \Delta u_C$ oder $\Delta q = i_C(t) \cdot \Delta t$

Diese zwei Gleichungen kann man gleich setzen: $C \cdot \Delta u_C = i_C(t) \cdot \Delta t$

Durch Umstellen der Gleichung erhält man eine linearisierte Gleichung für die Spannungsänderung $\Delta u$ über dem Kondensator, die für kleine Zeitschritte $\Delta t$ ($\Delta t << \tau$) gültig ist. Der Zeitpunkt $t_1$ ist um das Zeitintervall $\Delta t$ später als der Zeitpunkt $t_0$.

$$\Delta u_C = \frac{i_C(t) \cdot \Delta t}{C} \quad \rightarrow \quad u_C(t_1) = u_C(t_0) + \underbrace{\frac{i_C(t_0) \cdot \Delta t}{C}}_{\Delta u_C}, \quad \text{für } \Delta t << \tau, \quad \Delta t = t_1 - t_0$$

## Aufgabe

Programmieren Sie in MATLAB ein M-File, welches nach obigem Algorithmus die Ladekurve eines RC-Gliedes berechnet und vergleichen Sie es mit der gerechneten Exponentialfunktion. Wie gross ist der Fehler in Abhängigkeit von $\Delta t / \tau$?

# Übung 9: Schwingkreis

## Einleitung
MATLAB eignet sich für die Berechnung und Darstellung des Frequenzgangs von linearen Netzwerken.

## Aufgabe
Für das skizzierte Netzwerk sind die Ortskurve und der Frequenzgang (Betrag und Phase) der Impedanz $\underline{Z}$ zwischen den Anschlüssen 1 und 1' zu zeichnen.

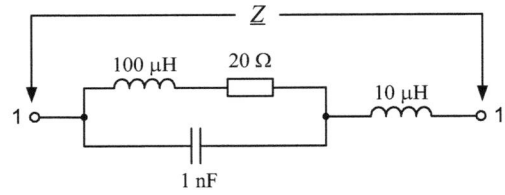

Wählen Sie für den Frequenzgang sowohl eine lineare wie auch eine logarithmische Darstellung (Betrag der Impedanz auch in y-Richtung logarithmisch).

## Hilfreiche Befehle
`linspace`
`logspace`
`abs`
`angle`
`axis`
`plot`
`subplot`
`semilogx`
`title`
`xlabel`
`ylabel`
`legend`

# Übung 10: Nichtlineare Last

## Einleitung
Eine Quelle mit $U_q = 4$ V und $R_q = 1$ Ω wird mit einem **nichtlinearen Widerstand** belastet. Vom nichtlinearen Widerstand ist die Strom-Spannungskennlinie als Formel gegeben:

$$U = -0.47 \cdot I^4 + 4.9 \cdot I^3 - 15 \cdot I^2 + 14.66 \cdot I$$

## Aufgabe
Skizzieren Sie beide Kennlinien im Bereich $I = 0...4$ A und bestimmen Sie den Arbeitspunkt.

## Hilfreiche Befehle
```
linspace
.^
.*
figure
plot
hold
title
xlabel
ylabel
legend
```

# Übung 11: Sinusapproximation mit Polynom

## Einleitung
Soll eine Funktion auf einem Mikrorechner (oder DSP) implementiert werden, besteht z.B. die Möglichkeit zur Verwendung einer „Look-Up-Table" (LUT) oder einer Polynomapproximation. Die LUT wird bei guter Auflösung viel Speicherplatz einnehmen, die Polynomapproximation zerrt dafür an der Rechnungszeit.

Betrachten wir als Beispiel eine Sinusfunktion $y = \sin(x)$. Im Intervall $[-\pi/2, \pi/2]$ lässt sich diese Funktion sehr gut durch ein Polynom $n$-ten Grades approximieren, da sie stetig steigend ist:

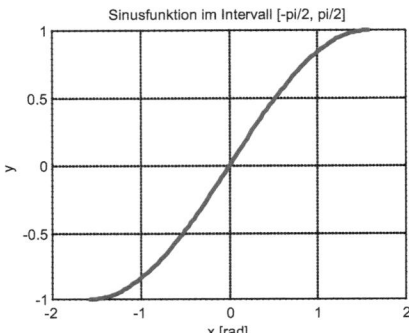

$$y_{poly}(x) \cong \sin(x) \quad [-\tfrac{\pi}{2}, \tfrac{\pi}{2}]$$

Schwierig ist es, die Koeffizienten des Polynoms zu bestimmen. Das erledigt MATLAB.

Mathematisch lässt sich eine Polynomapproximation folgendermassen beschreiben:

$$y_{poly}(x) = a_n \cdot x^n + a_{n-1} \cdot x^{n-1} + \ldots + a_1 \cdot x + a_0 \xrightarrow{z.B.\ n=3} a_3 \cdot x^3 + a_2 \cdot x^2 + a_1 \cdot x + a_0$$

$y_{poly}(x)$:    Funktionswert der Polynomfunktion
$a_n \ldots a_0$:    Koeffizienten des Polynoms

## Aufgabe

a) Programmieren Sie in MATLAB ein M-File, welches die Koeffizienten obiger Approximation berechnet. Der Fehler der Approximation soll kleiner als 1% des Funktionswertes der Originalfunktion sein.

b) Programmieren Sie in MATLAB eine Funktion `function s = sinus(x)`, welche die MATLAB Funktion `sin` ersetzen kann. Testen Sie diese Funktion ausgiebig.

## Hilfreiche Befehle
```
polyfit
mod
polyval
subplot
length
if
```

# Übung 12: Tetrapack

## Einleitung

Beim einem Würfel ist das Verhältnis $V/O$ vom Volumen $V$ zur Oberfläche $O$ maximal (verglichen mit allen anderen Quaderformen). Wie steht es mit dem Tetrapack? Haben sich die Entwickler des Tetrapacks etwas überlegt? Wie steht es da mit dem Verhältnis vom Volumen zur Oberfläche?

Dazu untersuchen wir verschiedene Quader, bei denen das Volumen konstant ist (ein Liter Orangensaft). Nun lassen wir die Kantenlängen $a$ und $b$ um die eines Würfels variieren. Die Kantenlänge $c$ ergibt sich jeweils aus dem konstanten Volumen. Bei jedem neu kreierten Quader berechnen wir die Oberfläche $O$ und das Verhältnis Volumen zu Oberfläche $V/O$.

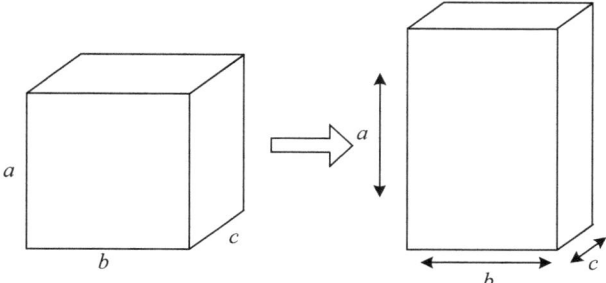

## Aufgaben

a) Programmieren Sie in MATLAB ein M-File, welches die Kantenlänge $a$ und $b$ um das Optimum der Würfelkantenlänge variiert und die zugehörige Kantenlänge $c$ berechnet. Berechnen Sie für jeden Quader die Oberfläche und stellen Sie das Verhältnis vom Volumen zur Oberfläche in Funktion der Kantenlängen $a$ und $b$ als 3D-Plot und als Konturplot dar.

b) Nehmen Sie ein Tetrapack und messen Sie dieses aus. Wie gross ist das Verhältnis vom Volumen zur Oberfläche verglichen mit einem Würfel?

## Hilfreiche Befehle

```
linspace
mesh
meshc
contour
```

# 10. Sammlung der wichtigsten Befehle

| GENERELLE BEFEHLE | |
|---|---|
| `help` | Hilfe zu Befehl |
| `who` | Auflistung der Variablen im Workspace |
| `size` | Matrix-Grösse |
| `length` | Vektor-Grösse |
| `clear` | löscht Workspace |
| `^C` | Abbruch der Ausführung |
| `exit, quit, ^Q` | exit MATLAB |

| MATRIX- | VEKTOR- | OPERATIONEN |
|---|---|---|
| + | + | Addition |
| - | - | Subtraktion |
| * | .* | Multiplikation |
| / | ./ | rechte Division |
| \ | .\ | linke Division |
| ^ | .^ | Exponent |
| ' | ' | konjugieren einer Matrix, transponieren eines Vektors |
| .' | | transponieren einer Matrix |

| MATRIX-MANIPULATIONEN | |
|---|---|
| `rot90` | drehen einer Matrix um 90° |
| `fliplr` | spiegeln einer Matrix an der vertikalen Achse |
| `flipud` | spiegeln einer Matrix an der horizontalen Achse |
| `tril` | unteres Dreieck einer Matrix |
| `triu` | oberes Dreieck einer Matrix |
| `:` | auf einzelne Zeilen oder Spalten einer Matrix zugreifen |

| SPEZIELLE MATRIZEN UND VEKTOREN | |
|---|---|
| `diag` | diagonale Matrix |
| `eye` | identische Matrix |
| `ones` | Matrix aus lauter „1" |
| `zeros` | Matrix aus lauter „0" |
| `linspace` | Vektor aus Elementen mit gleichem Abstand |
| `logspace` | Vektor aus Elementen mit logarithmischen Abstand |
| `rand` | Matrix gefüllt mit Zufallselementen |

## 10 Sammlung der wichtigsten Befehle

| VERGLEICHE | |
|---|---|
| < | kleiner als |
| <= | kleiner als oder gleich |
| > | grösser |
| >= | grösser als oder gleich |
| == | gleich |
| ~= | ungleich |
| & | UND |
| \| | ODER |
| ~ | NICHT |

| SPEZIALZEICHEN | |
|---|---|
| . | Dezimalpunkt |
| ... | Befehlfortsetzung auf nächster Zeile |
| , | Separierung von Funktionsargumenten |
| ; | Ausgabeunterdrückung, Linien-Ende |
| % | Kommentar |
| : | Vektorerzeugung |

| MATLAB-KONSTANTEN | |
|---|---|
| ans | MATLAB-Antwort bei nicht unterdrückter Ausgabe |
| eps | kleinste Zahl in MATLAB (Genauigkeit der Floating-Point Arithmetik) |
| pi | $\pi$, 3.1416... |
| i, j | Wurzel aus $-1$ |
| inf | unendlich |
| NaN | not a number (keine Zahl) |
| clock | Datum und Zeit |
| date | Datum |
| flops | Anzahl floating-point Operationen |
| nargin | Anzahl der Eingabeargumente einer Funktion |
| nargout | Anzahl der Ausgabeargumente einer Funktion |

| PROGRAMMSTRUKTUREN | |
|---:|:---|
| `if` | bedingte Programmausführung |
| `elseif` | benutzt mit `if` |
| `else` | benutzt mit `if` |
| `end` | beendet `if`, `for` und `while` -Anweisungen |
| `for` | wiederholt mehrmals einen Befehl |
| `while` | führt solange aus bis |
| `break` | verlassen von `for`- und `while`- Schleifen |
| `return` | vorzeitiges Verlassen einer Funktion |
| `pause` | Programmunterbruch bis zum nächsten Tastendruck |
| `pause(n)` | n Sekunden Programmunterbruch |

| PROGRAMMIERUNG UND M-FILES | |
|---:|:---|
| `input` | Eingabe von Tastatur |
| `error` | Anzeige von Fehlermeldungen |
| `function` | Definition einer Funktion |
| `eval` | wandelt einen String in einen MATLAB Befehl um |
| `global` | Definition globaler Variablen |

| TEXT UND STRING | |
|---:|:---|
| `abs` | gibt den ASCII-Wert eines Strings aus |
| `num2str` | konvertiert eine Zahl in einen String |
| `int2str` | konvertiert einen Integer in einen String |
| `strcomp` | vergleichen von Variablen als Strings |
| `hex2num` | konvertiert einen HEX-String in eine Zahl |

| COMMAND WINDOW | |
|---:|:---|
| `clc` | löscht den Bildschirm |
| `home` | bewegt den Cursor ganz nach oben |
| `disp` | Anzeige von Matrix oder Text |
| `echo` | einschalten vom Command-Echo |

## 10 Sammlung der wichtigsten Befehle

| GRAFIK | |
|---|---|
| plot | linearer xy-Plot |
| loglog | doppelt-logarithmischer xy-Plot |
| semilogx | x-Achse logarithmisch, y-Achse linear |
| semilogy | y-Achse logarithmisch, x-Achse linear |
| polar | Polarplot |
| mesh | 3D Gitternetzplot |
| contour | 3D Konturplot |
| bar | Säulengrafik |
| hist | Säulengrafik für Verteilungen (Statistik) |
| errorbar | Darstellung des Fehlers |

| BESCHRIFTUNG VON GRAFIKEN | |
|---|---|
| title | Titel einer Figur |
| xlabel | Label x-Achse |
| ylabel | Label y-Achse |
| grid on | zeichnet Gitternetz |
| text | Beschriftung der Grafik, Festlegung durch Koordinaten |
| gtext | Beschriftung der Grafik, Festlegung durch Mausklick |
| ginput | Rückgabe der xy-Koordinaten durch Mausklick |

| FIGUREN UND ACHSEN | |
|---|---|
| axis | manuelles Einstellen der Achse |
| hold on | Plot wird nicht überschrieben |
| shg | bringt die aktuelle Figur in den Vordergrund |
| clg | löscht die aktuelle Figur |
| subplot | unterteilt die Figur in mehrere Achsen |
| print | druckt die Figur oder speichert sie in eine Datei |

| GRUNDLEGENDE BERECHNUNGEN | |
|---|---|
| abs | Betrag |
| angle | Winkel |
| sqrt | Quadratwurzel |
| real | Realteil |
| imag | Imaginärteil |
| conj | komplex konjugiert |
| round | auf- oder abrunden zur nächsten Ganzzahl |
| fix | runden zur nächsten Ganzzahl (gegen 0) |
| floor | abrunden zur nächsten Ganzzahl (gegen –Inf) |
| ceil | aufrunden zur nächsten Ganzzahl (gegen +Inf) |
| sign | Vorzeichen einer Zahl |
| rem | Rest nach Division |
| exp | $e^x$ |
| log | natürlicher Logarithmus (ln) |
| log10 | Zehner-Logarithmus |

| TRIGONOMETRISCHE FUNKTIONEN | |
|---|---|
| sin | Sinus |
| cos | Kosinus |
| tan | Tangens |
| asin | Arkussinus |
| acos | Arkuskosinus |
| atan | Arkustangens |

| POLYNOME | |
|---|---|
| `poly` | charakteristisches Polynom |
| `roots` | Nullstellen |
| `polyval` | Polynomberechnung |
| `conv` | Multiplikation |
| `deconv` | Division |
| `residue` | Partialbruchzerlegung |
| `polyfit` | Polynomapproximation |

| VEKTORANALYSE | |
|---|---|
| `max` | maximaler Wert |
| `min` | minimaler Wert |
| `mean` | Durchschnitt |
| `median` | Mittelwerte |
| `std` | Standardabweichung |
| `sort` | Vektor sortieren |
| `sum` | Summe der Elemente |
| `prod` | Produkt der Elemente |
| `cumsum` | kontinuierliche Summation der Elemente (diskrete Integration) |
| `cumprod` | kontinuierliche Multiplikation der Elemente |
| `hist` | Histogrammvektor |
| `corrcoef` | Korrelationskoeffizienten |

| INTERPOLATION | |
|---|---|
| `spline` | Splinefunktion |
| `table1` | 1D-Look-Up Table |
| `table2` | 2D-Look-Up Table |
| `polyfit` | Polynominterpolation |

# 11. Sachwortverzeichnis

| | |
|---|---|
| - | 4, 7 |
| & | 35 |
| * | 4, 7 |
| *.m | 23 |
| .* | 7 |
| ./ | 7 |
| / | 4, 7 |
| : | 7 |
| [1 2 3] | 7 |
| [1; 2; 3] | 7 |
| \| | 35 |
| ~ | 35 |
| ~= | 35 |
| + | 4, 7 |
| < | 35 |
| <= | 35 |
| == | 35 |
| > | 35 |
| >= | 35 |
| addpath | 23 |
| axis | 15 |
| break | 35 |
| cell | 41 |
| cell2mat | 41 |
| cell2struct | 41 |
| clc | 4, 23 |
| clear | 4 |
| clear all | 23 |
| close all | 23 |
| doc | 1 |
| else | 35 |
| elseif | 35 |
| error | 30 |
| fieldnames | 41 |
| for | 35 |
| format | 4 |
| function | 30 |
| getfield | 41 |
| grid | 15 |
| help | 1 |
| hold | 15 |
| if | 35 |
| iscell | 41 |
| isfield | 41 |
| legend | 15 |
| linspace | 7 |
| logspace | 7 |
| lookfor | 1 |
| nargin | 30 |
| path | 23 |
| plot | 15 |
| return | 30 |
| struct | 41 |
| struct2cell | 41 |
| struct2table | 41 |
| subplot | 15 |
| title | 15 |
| while | 35 |
| who | 4 |
| whos | 4 |
| xlabel | 15 |
| ylabel | 15 |